スーパー幼児園 *Buddy*（バディ）式
運動能力をぐんぐん伸ばす

親子体操

バディスポーツ幼児園

講談社

は　じ　め　に

　私が経営するバディスポーツ幼児園では、約2000名の幼稚園児が毎日1時間以上の体育の授業や、夏季休暇を利用したキャンプやスキーなどの課外活動を通じて、運動能力やコミュニケーション能力を磨いています。この本を手に取った方の中にも、「我が子の運動能力を伸ばしたい！」と考えている保護者は多いのではないでしょうか。

　スポーツをする目的は人によってさまざまですが、**もっとも大切なのは「毎日、体を動かす」**ということ。これは一見簡単に思えますが、特に現代社会においては時間や場所の制約があり、実は非常に難しいことなのです。

　幼児期には習慣づける運動がとても大切です。基本の運動を繰り返し行っていくと、子どもには**「できるまでやってみよう」「やればできる」**という精神が養われ、「さらに大きなことに挑戦したい！」という気持ちが生まれます。こうした体験を繰り返すことで、**ここぞというときに本来の能力を最大限に発揮する「勝負強さ」**が育まれます。また、スポーツを通して「おはようございます」「いただきます」「ありがとうございました」というあいさつも自然とできるようになっていきます。これらの言葉もまた、誰にでもできる「習慣」です。

　そして運動を習慣化するには、**「種目の選択」が大事なポイント**です。簡単な運動はすぐに飽きてしまいますので、少し努力すればできるような種目を選ぶのがよいでしょう。**「ひとつできたら、次のステップに進む」**、これを心がけてみてください。この繰り返しにより、気がついたら世界で通用するトップアスリートになっていた、というのも決して夢ではありません。

　この本ではお子さんの運動能力を伸ばすさまざまなバディ式の運動をご紹介していますが、**「好きこそものの上手なれ」**という言葉があるように、まずはお子さんが興味を持った運動からはじめてみてください。

バディスポーツ幼児園 理事長

鈴木　威

もくじ

CHAPTER 1　ウォーミングアップ

CHAPTER 2　基本の運動

CHAPTER 3　実践の運動

子どもの能力を
伸ばすには

子どものチャレンジ精神を育て、挑戦することが楽しいと感じられるようにサポートできるのが"能力を引き出せる良い指導者"です。そこでバディでは、指導する際にこれらのことを心がけています。

「最初の一歩」を
乗り越えられる工夫を

まずはどの子にも「やってみたい」「がんばればできそうだ」という意欲を持たせるのが大切です。どうしても跳び箱の5段が跳べなかったら一旦4段にしてみるなど、**クリアできるところまでハードルを下げて**、できたらすぐに次の目標を立ててあげましょう。

好きなものを
見つけてあげる

親がやらせたいスポーツと、子どもが得意なスポーツが同じであるという保証はどこにもありません。子どもの得意分野を見つけるためにも、**保護者がいろんな場所に連れていき、たくさんの体験をさせてあげてください。**

手をかけないほど
"生きる力"が育つ

「泣かれたくない」「待つのが面倒」でも、手を出さずに根気よく見守るのも保護者の役目。子どもがあきらめそうになっても、「やればできる」という"成功体験"を積み重ねることで自信がつきます。「できない！」と泣き叫んだときには、まずは大人が手本を見せてあげましょう。

「怒る」と「叱る」は
まったくの別物

「怒る」は、自分の思い通りにならない憤りを子どもにぶつけるという感情的な行為です。一方で「叱る」は、子どもの成長を願ってのこと。**叱るときにはなぜ叱ったのかを冷静に説明し、「じゃあ、どうすればよかったと思う？」と一緒に考えましょう。**

できたら思いっきり
ほめてあげる

できるようになったときは「すごいね」「できたね！」とほめてあげてください。このとき、**他人と比較するのではなく、「その子自身がどれくらい成長したか」を強調する**ことが大切です。特に、あいさつができたり、何か目標を達成できたりしたときにはたくさんほめてあげてください。

体育では年間カリキュラムに沿って、体操や水泳、サッカー、ボール運動などさまざまなスポーツに挑戦し、基礎的な体力・運動能力を向上させます。基本的にいろんなスポーツを体験させるために、1年を通してひとつの種目をやり続けることはありません。

冬休みを利用した4日間のスキーキャンプには、ジュニア（年少）やセミジュニア（年少々）の園児も参加。最初は怖くて泣いていた子も、半日から1日経てば大人と同じゲレンデを滑ることができるようになります。

集大成である卒園式第2部の「最後の授業」では、園児全員が「逆上がり」「跳び箱」「三点倒立」の3種目を成功させるまで卒園できません。緊張や不安からなかなか成功しない子もいますが、最後にはひとりも残さず成功し、達成感と自信に満ちあふれた笑顔で卒園していきます。

この本の使い方

最適な年齢、この動きで身につく力

バディではこの年齢からカリキュラムに取り入れています。身につく力はこれがすべてではありませんが、バディではこういった力を意識して行っています。詳しくは8ページで紹介しています。

動きの名前

各メニューには子どもにもイメージしやすく覚えやすい名前をつけました。カッコはその動きの内容を示す正式な名称です。

二次元バーコード

無料動画にアクセスでき、一つひとつのメニューをスマートフォンで確認できます。パソコンで確認したい方はこちらから。
http://k-editorial.jp/mov/oyakotaiso/

パートナーのポイント

子どもがスムーズに動けるよう、パートナーである大人が特に気をつけたいポイントを紹介しています。

ウォーミングアップ

1 グーの動き
（閉脚柔軟）

2歳〜
柔軟性

動画はこちら

かたくなりがちなもも裏をストレッチ

1 床に座り、両足を伸ばしてそろえます。

つま先は上に向ける

パートナー　両手を肩に当てる

運動するときの注意点

1 動きやすく、安全な服装で

どれも普段着で行えますが、伸縮性のあるTシャツや短パン、ジャージならより動きやすいでしょう。長いひもがついたものなどは、引っかかると危険なので避けてください。

2 場所はどこでもOK

動いたときに物が手足に当たらず、安定感のある場所ならばどこでも行えます。頭を床につける三点倒立（78ページ）を行うときは、やわらかいマットの上がおすすめです。

3 具合が悪いときはしっかり休んで

体調が悪いときや、いつもとは違う痛みがあるときは、無理せずにお休みしてください。なお、筋肉痛のときは動いても問題ありません。持病がある場合は主治医に相談してから行ってください。

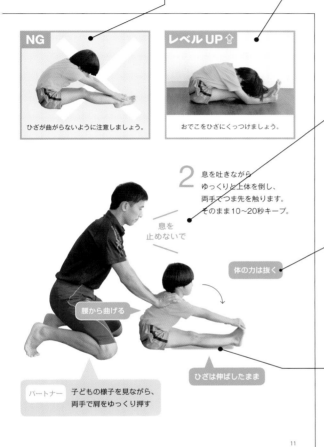

NG

体の使い方や向きを間違えると、動きの効果が得られなくなりますのでご注意を。間違いやすいポイントを確認しましょう。

NG
ひざが曲がらないように注意しましょう。

レベルUP／難しいときは

基本の動きでは物足りないと感じたら、少し難易度を上げた「レベルUP」の動きをやってみましょう。より効果が期待でき、子どものチャレンジ精神も育ちます。逆にまだ難しい場合は「難しいときは」の動きに挑戦。どちらも、無理をしないことが大切です。

レベルUP⬆
おでこをひざにくっつけましょう。

声かけポイント

動きの際にパートナーが声をかけたいポイントを紹介。声をかけることで子どもが自分でも気をつけるようになります。

子どもの動きのポイント

特に注意したい動きのポイントを紹介しています。NGと同様に、間違いやすい箇所ですので気をつけて。

特に意識したい部分

子どもに「ここを伸ばして！」と言ってもまだ意識できない場合が多いので、ちゃんと伸びているかパートナーがチェックしましょう。太い赤線で示しています。

2 息を吐きながらゆっくりと上体を倒し、両手でつま先を触ります。そのまま10～20秒キープ。

息を止めないで

体の力は抜く

腰から曲げる

ひざは伸ばしたまま

パートナー 子どもの様子を見ながら、両手で肩をゆっくり押す

11

---

4 水分補給はしっかりと

動くとたくさん汗をかきます。運動の前後や運動中には、しっかり水分補給を行いましょう。行う時間帯はいつでもOKですが、夏場は朝夕の涼しい時間帯のほうが無理なく続けられます。

5 あとかたづけまで自分でやろう

バディの子どもは「自分のことは自分でする」のが当たり前。運動で使ったボールやなわなどの道具も、毎日ちゃんと自分でかたづけます。できない子にはやり方を教えてあげて練習させましょう。

6 人と比べない

人はそれぞれ年齢や体格はもちろん、できることも得意分野も違います。大切なのは、「自分なりの目標を決めてあきらめずに挑戦する」こと。やり方が分からないときは、大人に相談するように促しましょう。

バディで大切にしている
6つの「やればできる」力

子どものうちに特に身につけたい能力が「フィジカル・リテラシー（身体のかしこさ）」です。これは、自分の身体をどう動かせるかを頭と身体で理解し、自在に動かす能力のこと。読み書きでいうところの「あいうえお」で、どのスポーツにも欠かせません。この本でご紹介するさまざまな運動を行えば、自分の思い通りに動く「かしこい身体」を手に入れることができ、自然と「6つの力」が育まれます。

筋力
プレー中に
正しい姿勢を保てる

発揮できるパワーが
強くなる

バランス力
不安定な体勢からも
すばやく立て直せる

効率的に身体を使えて
疲労感が軽減する

持久力
長時間にわたって
身体を動かせる

集中力アップにも
つながる

フィジカル・
リテラシー

柔軟性
しなやかでムダのない
動きができる

ケガの予防や筋肉痛の
緩和などに効果的

敏捷性（びんしょうせい）
身体をすばやく正確に
動かせる

相手の動きに対して
的確に対応できる

巧緻性（こうちせい）
頭でイメージした通りに
身体が動かせる

力加減や動作速度の
調整が器用に行える

CHAPTER 1

ウォーミングアップ

運動をはじめる際には、ケガを防ぐためにも
まずは柔軟で体をほぐしましょう。
日常のスキンシップとしても気軽にできるものばかりです。
痛くなる少し手前で止めましょう。

1 グーの動き
（閉脚柔軟）

2歳〜

柔軟性

動画は
こちら

かたくなりがちなもも裏をストレッチ

1 床に座り、
両足を伸ばして
そろえます。

つま先は上に向ける

パートナー　両手を肩に当てる

NG

ひざが曲がらないように注意しましょう。

レベルUP⬆

おでこをひざにくっつけましょう。

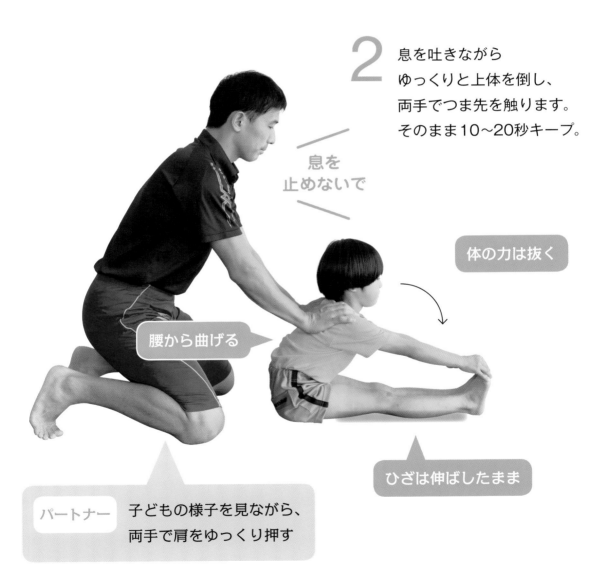

2 息を吐きながら
ゆっくりと上体を倒し、
両手でつま先を触ります。
そのまま10〜20秒キープ。

息を
止めないで

体の力は抜く

腰から曲げる

ひざは伸ばしたまま

パートナー　子どもの様子を見ながら、
両手で肩をゆっくり押す

2 チョキの動き
（開脚柔軟・左右）

2歳〜
柔軟性

動画は
こちら

内ももと体の側面を気持ちよく伸ばします

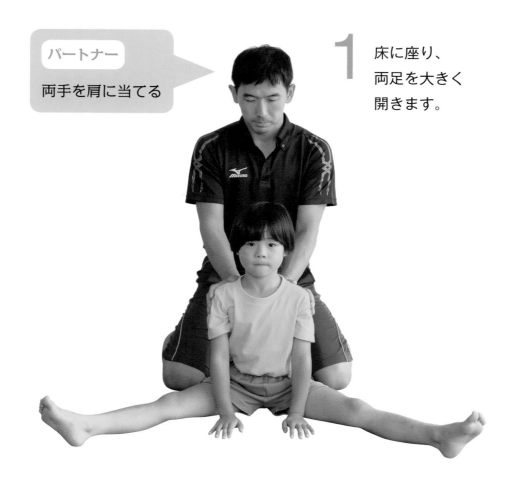

パートナー

両手を肩に当てる

1 床に座り、
両足を大きく
開きます。

上体をもっと倒してみましょう。

体を倒したほうの腕を逆の足に向かって伸ばすと、側面がもっと伸びます。

パートナー 前屈するときに肩を軽く押してあげる。上体が倒れきったら右手は背中に、左手は左足の太ももに置く

2 両手で右足のつま先を触り、そのまま10〜20秒キープしましょう。左側も同様に行います。

ゆっくり息を吐きながら倒れて

ひざは伸ばす

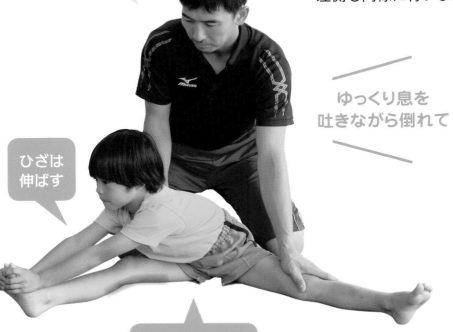

内ももが伸びているのを意識する

3 パーの動き
（開脚柔軟・前）

2歳〜
柔軟性

動画は
こちら

内ももをさらに伸ばしましょう

パートナー 両手を肩に当てる

1 床に座ったら、両足を大きく左右に開きます。両手は体の前につきましょう。

2 両手を少しずつ前にすべらせながら、ひざが曲がらないところまで上体を倒していきます。10〜20秒キープ。

おしりを床にしっかりつける

ひざが曲がりそうになったら、そこでストップ！

パートナー 両手でやさしく押してあげる

ひざを曲げない

レベルUP ⬆

おでこから胸まで、ぺたっと床につけましょう。

猫背にならないように、背筋は伸ばす

両手をできるだけ遠くに置く

4 お寿司
（太もも伸ばし）

2歳〜

柔軟性

太ももの前側を伸ばします

動画は
こちら

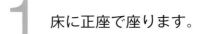

パートナー　右手を肩に添える

1 床に正座で座ります。

2 正座をしたまま上体を後ろに倒し、太ももの前側を気持ちよく伸ばしましょう。10〜20秒キープ。

正座のまま
ゆっくり倒れて

パートナー　頭を打たないように右手を後頭部に移動させる。左手で太ももを軽く押してあげるとストレッチが深まる

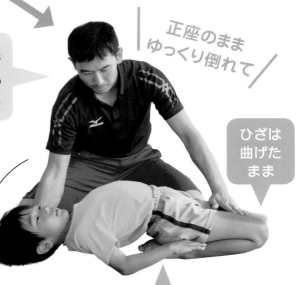

ひざは
曲げた
まま

ひとりのときは

両手を少しずつ後ろに歩かせながら、徐々に上体を倒していきます。

つま先が外に
向かない
ように注意

5 タオルなわ跳び
（肩回し）

4歳〜

柔軟性

動画は
こちら

肩回りの可動域が広がり、球技や腕振りなどにも役立ちます

1
立って行います。
まずはタオルを
両手で持ちましょう。

胸の前で両手を
伸ばして構える

2
タオルを足元まで
持っていき、
片足ずつまたぎます。

難しいときは

回せるところまででOK！

長めのタオルを使ってみましょう。

ひじは
曲げないで！

腕をつけ根から
大きく動かす

タオルを離さない
ひじを曲げない

3 タオルを両手で持ったまま、
腕を後ろにぐるんと回します。
頭の上を通して1の位置まで
戻ったら1周。

5周

6 ねこさん
（肩入れ）

2歳〜

柔軟性

動画は
こちら

肩回り〜胸の柔軟性が高まります

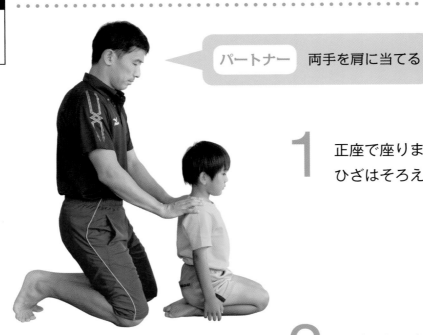

パートナー　両手を肩に当てる

1 正座で座ります。
ひざはそろえましょう。

息を
止めないで

パートナー

肩を下方向に
軽く押してあげる

2 ひざから下を動かさずにお
しりを持ち上げ、両手を前
にすべらせていきます。胸
が床についたら、そのまま
10〜20秒キープ。

ひざから下の
位置は変えない

両手は前に長く伸ばす

あごと胸を床につける

7 「とまれ〜！」
（足首の背屈）

2歳〜
柔軟性

足首の柔軟性が高まるとケガの予防にも役立ちます

動画は
こちら

1 足をそろえて立った姿勢から
少しずつひざを曲げ、
しゃがんでいきましょう。

2 しゃがみきったら、
そのままの姿勢で
10〜20秒キープします。

ひざが離れないように注意

両足はぴったり
くっつける

かかとは
床に
しっかり
つけよう

パートナー 倒れそうな場合は
後ろから支えてあげる

お腹の力を
抜かない

かかとが浮かない
ように注意する

レベルUP

後ろで手を組むと、足首がさらに
伸びます。

19

8 シーソー
（肩回り〜体の前面のストレッチ）

子どもと大人なら **2**歳〜
子ども同士なら **6**歳〜

柔軟性

動画は
こちら

2人1組で上体をじんわり伸ばします

1 背中合わせで立ちます。
パートナーが大人の場合は、
大人だけひざ立ちになります。

パートナー

大人はひざ立ちになる。
両ひざを肩幅に開いて、
空いたスペースに子ども
に立ってもらう

子ども同士の場合

相手の手首をつかんで前屈し、背中に
乗せる動きを交互に行いましょう。

2 ２人とも両手を上げたら、
大人が子どもの手首をつかんで
前に倒れます。
背中の上に子どもを乗せたまま
10秒キープ。

上体は
リラックス
させる

気持ちよく
ゆっくりと
呼吸しよう

呼吸を止めない

パートナー　子どもの手首を持って前に倒れ、
背中に乗せる

9 ハート
（側面のストレッチ）

子どもと大人なら **2**歳〜
子ども同士なら **6**歳〜

柔軟性

動画は
こちら

体の側面をまんべんなく伸ばしましょう

1 横向きに並んで立ち、
内側に来る足の
側面同士を合わせます。
2人とも足を大きく開いたら、
手をつなぎましょう。

隣り合う足をぴったり合わせる

2

もう片方の手もつないだら、
腕を引っ張り合いっこします。
胸は前に向けて、くっつけた足が
離れないように注意しましょう。
目線は前に。10〜20秒キープ。

胸をできるだけ
張って

胸は広く保つ

外側の足は
軽く曲げる

くっつけた足は伸ばしたまま

23

10 日本橋（ブリッジ）

3歳〜

筋力　柔軟性

動画は
こちら

肩回りや体の前面を伸ばせます

1 仰向けになったらひざを立て、
両手を耳の横に置きます。
指先は肩のほうに向け、
指を大きく開きましょう。

パートナー　右手は腰に、
左手は頭上に添える

ひざは立てる

すべらない場所で行う

指先は大きく開く

ブリッジしたまま前や後ろに進んで
みましょう。

片足ずつ浮かしてみましょう。

2 おへそを上に突き出すイメージで、
腰から体を持ち上げます。
腕の力を保ったまま
10～20秒キープ。

手のひらで
床を
ぐっと押して

パートナー
腰と頭上に添えた手で、
下から軽く押し上げる

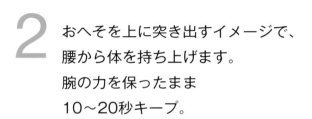

手足に均等に
体重をかける

ひじは伸ばす

頭を床から離す

25

11 かえるジャンプ
（開閉ジャンプ）

6歳〜

敏捷性　巧緻性

動画は
こちら

ウォーミングアップをかねてジャンプの練習

1　パートナーは両足を開いて座ります。
その足の間に立ったら、
パートナーと手をつなぎましょう。

パートナー　両足を伸ばし、
左右に大きく開く

2

パートナーの「せーの」の合図で
手をつないだままジャンプし、
両足を左右に開きましょう。
それと同時にパートナーは、
両足を中心で閉じます。

足を踏まないように
息を合わせる

ジャンプ！

「せーの」で
ジャンプしてね

パートナー

ジャンプすると同時に
両足を閉じる

3

次の「せーの」の合図で
再びジャンプし、両足を閉じます。
それと同時にパートナーは
両足を開き、1の体勢へ戻ります。
これで1回。

ジャンプ！

パートナー　ジャンプしたら両足を
すばやく左右に開く

慣れたらスピードを上げ、
リズミカルに行う

10回

「早生まれは損してる」ってホント?

　同じ学年であっても生まれ月の違いで、ジュニア期は**先に生まれた人の
ほうが肉体的にも精神的にも成長が早く、学業やスポーツでよい成績を収
める傾向にあること**を「相対年齢効果」といいます。

　実際のデータを見てみましょう。下の表は、公益財団法人日本陸上競
技連盟が、各主要大会に出場した参加者の月齢を調べたものです。小学
生の全国大会は、都道府県の各種目（※1）優勝者のみが出場できますが、
4〜6月生まれが圧倒的に多く、4〜9月生まれが全体の75％であるのに
対して、1〜3月生まれはわずか5％程度であることが分かります。

　これは、1〜3月生まれの子どもの運動能力が低いということが原因で
はありません。日単位で計った実年齢で見ると、**4月生まれと3月生まれに
は発育に1年近い差がある**からです。高校総体あたりからその差は少しず
つ解消され、陸上競技の日本一を決める大会である日本選手権や、世界
の強豪が集まるオリンピックではまったく偏りがなくなっています。

　1〜3月生まれのお子さんに目を向けると、同学年の友だちと比べて優
劣を感じる場面もあるかと思います。しかし、早生まれだからという理由
で、せっかくはじめたスポーツを嫌いになってしまったり、途中であきらめて
しまったりするのはもったいないこと。**保護者や指導者は、子どもの成長す
るスピードに個人差があること
を理解して、長い目で成長を見
守りましょう。**大切なのは他人
と比べることではなく、昨日より
今日、今日より明日、その子自
身がどのくらい成長したのかが
ポイントとなるのです。

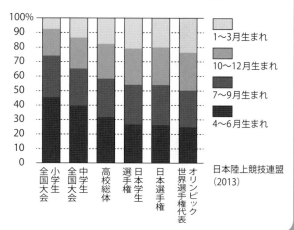

日本陸上競技連盟
（2013）

※1：100ｍ、走幅跳、走高跳、
　　ハードル、ボール投げ、リレー

CHAPTER 2

基本の運動

柔軟で体をほぐしたら、 基本の運動をやってみましょう。
できたらたくさんほめて自信につなげ、
無理のない範囲でレベルUPにもチャレンジしてください。

12 スーパーボール1
（両足ジャンプ）

4歳〜

敏捷性

体をすばやく正確に動かすトレーニング

動画は
こちら

目線はまっすぐ正面に

両足をそろえて立ち、
地面についている時間を短く
ジャンプしましょう。
体全体が「棒」になったイメージで、
ひざや足首を曲げないこと。
スーパーボールのようにはずみましょう。

Side

10回

両手は前後に
大きく振る

足に力を入れて
まっすぐ伸ばして

ひざは
まっすぐ
伸ばす

NG

ひざが曲がったり、猫背にならな
いようにしましょう。

13 スーパーボール2
（ケンケン）

4歳〜

敏捷性

走るためのウォーミングアップにも

動画は
こちら

まっすぐに立ったら右足を曲げ、
その場ですばやくジャンプします。
バランスを取りながら、
スーパーボールのようにはずみましょう。
逆の足も同様に行います。

10回

地面についている
時間は短く、
空中にいる時間は
長く

曲げている足は
高く上げる

伸ばしている足は
「棒」になった
イメージで、
ひざを曲げない

足の形は
そのままキープ！

31

14 フラミンゴ１
（片足立ち）

5歳〜
バランス力

動画は
こちら

バランス感覚を養う基本のトレーニングです

1 背筋を伸ばして立ちましょう。
目線は前を見ます。

下を向かず、
まっすぐ正面を見る

背筋をぴんと伸ばす

レベルUP⬆

片足立ちのまま目をつぶってみましょう。
足ではなく、お腹の力でバランスを取れ
るようになるとふらつかなくなります。

ふらつかないように
両手でバランスを取る

目線を
動かさないで、
一点に集中！

お腹に力を
入れる

太ももを
持ち上げて
ひざを90度に
曲げる

2 右足の太ももをできるだけ高く
持ち上げたらひざを90度に曲げ、
左足だけで立ちます。
そのままの姿勢を10秒キープ。
終わったら軸足を入れ替えて、
同様に行いましょう。

15 フラミンゴ2
（片足立ち）

5歳〜
バランス力

動画は
こちら

慣れたらいろんなポーズにチャレンジ！

1 右ひざを曲げて
片足立ちになりましょう。

背筋をぴんと
伸ばす

ふらつかないように
両手でバランスを取る

2 左手をななめ上に、右手と右足を
ななめ下に思いっきり伸ばします。
両手両足でバランスを取りながら
10秒キープ。

左手はななめ上に
伸ばす

右手と右足は
ななめ下に
伸ばす

猫背にならないように
胸を開く

3 次に両手を前に、右足を後ろに
できるだけ伸ばします。
そのままの姿勢で
10秒キープしたら、
軸足を入れ替えて同様に
行いましょう。

目線は正面の
一点を見る

お腹に力を入れる
とふらつきにくい

手と足でバランス
を取る

ふらつきそうに
なっても
目線を動かさないで

16 うま跳び
（飛び越しくぐり）

5歳〜

持久力 敏捷性

動画は
こちら

跳び箱の準備運動にもなります

1 床にうつ伏せになったパートナーの上を、両足でジャンプして飛び越す練習からスタート。行ったり来たり何度か繰り返しましょう。

2 飛び越す動作に慣れたら、パートナーの体の高さを少しずつ上げていきます。足を引っかけたり踏んだりしてしまうときは、パートナーの体勢を1に戻してもう一度練習しましょう。

前を見ながら
飛び越して

10回

パートナー 床にうつ伏せになる

パートナー 床にうずくまって
少し高さを上げる

腕立て伏せの体勢になった
パートナーをジャンプで飛
び越し、お腹の下をくぐっ
て元の位置に戻る動作を繰
り返し行いましょう。

パートナー 腕立て伏せの体勢になる

目線はまっすぐ正面を見る

上級者は四つんばいになったパート
ナーの背中に手をついて飛び越し、
お腹の下をくぐって元の位置に戻り
ます。

パートナー 四つんばいになる

NG

下を見てしまうと顔から落ちや
すくなります。

17 しっぽ取り
（追いかけっこ）

3歳〜 持久力 敏捷性 巧緻性

動画は
こちら

手を引っ張らずに体のほうを動かしましょう

はじめる
前に

腰の後ろにタオルや
大きめのハンカチを挟んで
「しっぽ」を作ります。

1 向かい合わせで
立ったらお互いの
右手をつなぎます。

2 まずは空いた左手で、
相手の腰をタッチする練習を
何度か繰り返し行いましょう。
逆の手でもやってみましょう。

手を
引っ張らないで
体を動かして！

相手を引き寄せない

どちらかが
しっぽを
取るまで

相手を惑わせるために
動く方向を突然変えたり、
フェイントをかけたりする

やったー！

3 手をつないだまま、相手のしっぽを狙って
追っかけっこします。
しっぽを先に奪えた人が勝ち！

18 カンガルー
（バービー運動）

5歳〜

敏捷性　持久力

動画は
こちら

3つの動きをできるだけ速く繰り返します

1 立った姿勢から
スタートします。

2 床にしゃがみます。

ちゃんと
しゃがんでから
次の動作に移るよ

背筋をぴんと
伸ばして立つ

おしりは
床につけない

体は一直線に
まっすぐ保って

3 しゃがんだ姿勢から
両手を肩の真下について
両足を伸ばし、
腕立て伏せの体勢になります。

お腹が下がったり、
上がりすぎたり
しないように注意

手は肩の真下につく

4 もう一度、2の
しゃがんだ姿勢に
戻ります。

5 1の立った姿勢に戻ったら
これで1セット。
最初は姿勢に気をつけながら
ゆっくり正確に行い、慣れて
きたらだんだんスピードを上
げていきましょう。

5回

レベルUP

タッチ！

ジャンプ！

5に戻ったときに、できるだけ
高くジャンプしてタッチ！

19 「立ち上がれ〜！」
（スクワット）

6歳〜

筋力

繰り返すことで強い足腰が育まれます

動画は
こちら

座ったときも
背筋はぴんと
伸ばす

浅めに腰かける

1 小さめの椅子に座ったら、
背筋をまっすぐに伸ばした
まま立ち上がります。
まずはこの動作を
繰り返しましょう。

5回

2 1ができるようになったら、
しゃがんだ姿勢から
立ち上がる練習をしましょう。

5回

お腹に
しっかり力を
入れて

足とお腹の
力を使う

手は床につけない

3

2ができるようになったら
体育座りからスタート。
手を床につけないで
立ち上がる動作を繰り返します。

10回

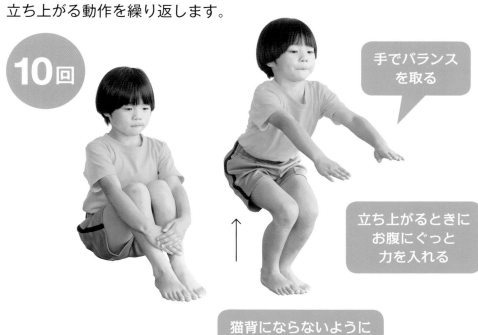

手でバランス
を取る

立ち上がるときに
お腹にぐっと
力を入れる

猫背にならないように
気をつける

レベルUP 🔼

片足を伸ばして浮かせたまま立ち上がれるようになったら上級者！

20 「起き上がれ〜！」1 （腹筋・背筋）

3歳〜

筋力

動画は
こちら

使っている筋肉を意識しながら行いましょう

1 まずは腹筋から行います。
仰向けになり、
両ひざを立てましょう。
両手は頭の後ろで組みます。

パートナー 子どもの足の
甲を体の下に引き入れ、片方
の手でふくらはぎを、もう片
方の手でひざを軽く押さえる

10回

2 反動ではなく、お腹の力を使って
起き上がりましょう。
1と2の動きがセットで1回。
10回を目指してやってみましょう。

反動を使わない

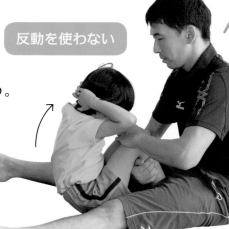

下を向かず
いつも見ながら
起き上がってくる

お腹にしっかり力を入れる

起き上がるときに
おしりを浮かさない

足は閉じたまま

3

次に背筋を行います。
両足を伸ばしてうつ伏せになったら、
腰の後ろで両手をつなぎます。

パートナー　両手で子どもの両足首を
しっかり押さえる

4

あごを床から離して前を向き、
上体をできるだけ反らします。
この動きをまずは
10回繰り返しましょう。
慣れてきたら回数を増やします。

10回

できるだけ
胸を張って！

頭ではなく
背中を
引っ張り上げる

まっすぐ
起き上がる

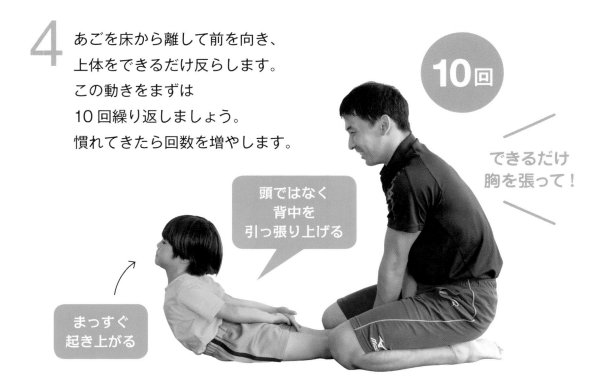

21 「起き上がれ〜！」2
（転がり腹筋）

6歳〜

筋力　バランス力

動画は
こちら

舟みたいにゆらゆら前後に揺れましょう

1 足を伸ばして
座った体勢からスタート。
両手は前に伸ばしましょう。

2 背中を少しだけ後ろに倒し、
両足をつけ根から浮かせます。

お腹にぐっと力を入れる

床についているの
はおしりだけ

２で両手を上に伸ばし、この体勢を
保ったまま行います。

手と足はまっすぐ
伸ばしたまま

お腹の力を
抜かないで

頭は床につけない

3 ２の体勢を保ったまま、
ころんと後ろに倒れます。
頭は床から少し持ち上げて、
打たないように気をつけましょう。

4 手と足を伸ばしたまま、
２の体勢まで起き上がりましょう。
目線は前を見て。
３と４の動きがセットで１回。

足は床から
浮かせたままだよ

背筋を
ぴんと伸ばす

両足は床につけない

5回

47

22 ウルトラマン
（転がり背筋）

6歳～

筋力

動画は
こちら

背中全体がまんべんなく鍛えられます

1 うつ伏せの体勢からスタートします。
両手は前に伸ばし、
足は軽くそろえましょう。

2 両手と両足を同時に浮かせます。

足はつけ根から
持ち上げる

ひざを曲げない

床についているのはお腹だけ

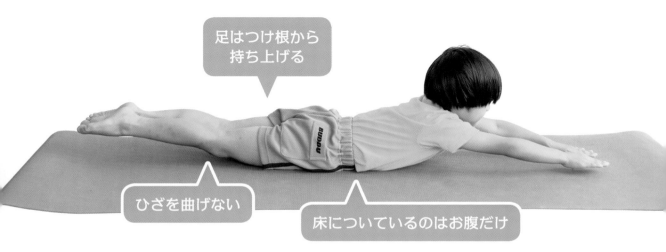

3 手と足を伸ばしたまま、
両足を持ち上げて前に倒れます。

ひざは伸ばした
ままだよ

目線は床に向ける

手は床につけない

4 そのままの姿勢で両足を下ろし、
上体を持ち上げます。
このとき足の力を抜かないように気をつけて。
3と4の動きがセットで1回。

5回

背中を後ろから
引っ張られているイメージ

両足は床から
浮かしたままで
力を抜かない

49

23 アコーディオン
（体育座り腹筋）

6歳〜
筋力

体全体をぱたぱた曲げ伸ばししましょう

動画は
こちら

1 仰向けになったら
両手を頭の上でばんざいします。

2 お腹にぐっと力を入れて、体育座りの姿勢まで起き上がります。
このとき足を床につけないように気をつけて。
1と2の動きを繰り返しながら、
だんだんスピードを
上げていきましょう。

5回

足は床に
つけないで

お腹に
しっかり
力を入れる

両手は
すねに置く

足は床から少し浮かす

24 バタ足
（バタ足腹筋）

6歳〜

筋力

水泳にも役立つ体幹トレーニングです

動画は
こちら

1 両足を伸ばして
座ったら、
床から浮かせます。

お腹に力を
入れる

両手で
バランスを取る

両足はつけ根から
持ち上げる

2 1の体勢を保ったまま、
両足を交互に
動かします。

お腹の力を
抜かない

ひざは曲げず、
足のつけ根
から動かす

10〜20回

ひざをできるだけ
伸ばして！

レベルUP ⬆

足をクロスする動きを取り入れます。左右交互に交差させましょう。
足をつけ根から開閉させることで内ももの筋肉が使われます。

25 戦車（手押し車）

5歳〜

筋力

動画はこちら

肩回り、腕、体幹を同時に強化します

1 腕立て伏せの姿勢になります。

手は肩の真下について、指を大きく開く

頭から足までが一直線になるように

NG

腰が落ちると体幹がうまく使えません。

2 1の体勢を崩さないように気をつけながら、パートナーが両足を持ち上げます。そのままの姿勢で10秒キープ。

頭から足まで一直線に伸ばしてね

腕とお腹にしっかり力を入れる

パートナー 足首を持って両足を持ち上げる

腰を落とさない

3 慣れたら腕を動かして前後に移動してみましょう。

←→

> 体はいつも
> まっすぐな状態を保つ

レベルUP⬆

前に進んでいるときに、パートナーが両足を軽く引っ張ると負荷が強まります。

持ってあげるのを片足だけにしてみましょう。

26 レインボーブリッジ

（腕立て伏せ）

6歳〜

筋力

動画は
こちら

自分の体重を利用して腕や肩回りを鍛えます

1 床に両手とひざをつきます。

> 頭からひざまでが
> できるだけまっすぐに
> なるように

2 ひじを曲げ、
胸を床に近づけます。
1と2の動きがセットで1回。

5回

> お腹の力を
> 抜かないで

> 腕を曲げたときも
> 胸とお腹を床につけない

頭からかかとまでが
一直線

ひじを曲げたとき、
腰が落ちないように
気をつける

ひざを伸ばして行いましょう。

27 かまきり（片手バランス）

6歳〜

筋力　バランス力

動画は
こちら

体幹を鍛える効果が高い上級者ポーズ

1 腕立て伏せの姿勢からはじめます。

頭からかかとまでが
一直線

2 体の左側が下になるように体を回転させ、
左足の外側を床につけます。
右足は左足にそろえて。

横を向いたときも
体はまっすぐ！

腰が落ちないように
気をつける

3 腰が落ちないように気をつけながら
右手を上に伸ばします。
最初は10秒からスタートし、
少しずつ時間を延ばしていきましょう。
逆の手もやってみましょう。

10秒

猫背にならない
ように胸を開く

右手の先を見る

床についた腕の
力を抜かない

保護者の励ましが子どもの「楽しい」を育てます

　バディの体育では子どもの「自分で乗り越える力」を引き出すために、手を貸さず見守ることがあります。冬休みのスキーキャンプでは、慣れない雪に戸惑う子や、転んで泣き出す子も少なくありません。しかし、バディに通う子どもたちに「なぜスポーツをするの?」と質問すると、全員が声をそろえて「楽しいから!」と答えます。この**「楽しい」**が、スポーツを続ける**カギ**です。

　では、子どもがスポーツをしていて「楽しい」と思えるのは、どういう瞬間でしょうか?　仲間と一緒に楽しめたときや技術が上達したとき、できないことができるようになったときなど、さまざまなシーンが挙げられますが、**保護者が積極的に声かけをして参加を促したスポーツ活動では、子どもは楽しさを感じる傾向が強いように思います。**

　しかしながら、ときには保護者の言動がマイナスに働いてしまうケースもあります。結果を求めるあまり期待をかけすぎてしまうのも、面倒を見すぎてしまうのも、子どもの成長を妨げます。**何かできないことがあっても根気強く見守り、温かく応援してあげること。**そして、**できるようになったときは「すごいね」「できたね」とほめてあげる**こと。この姿勢が大切です。

　スポーツの世界では、子どもの発育過程には運動能力の基礎が培われる「プレ・ゴールデンエイジ(5〜8歳)」、運動能力が飛躍的に高まる「ゴールデンエイジ(9〜12歳)」、骨格や筋力が急激に発達する「ポスト・ゴールデンエイジ(13〜15歳)」の3段階があり、それぞれの時期ごとに最適なスポーツやトレーニング方法があると考えられています。このことからも、**現在の姿だけではなく5年後、10年後を視野に入れて、ポジティブに応援していく必要性**があるのです。勝つことや結果を残すことも大切ではありますが、まずは仲間と一緒にスポーツを心から楽しめるように、保護者とともに楽しみながらサポートしてあげてください。

CHAPTER 3

実践の運動

この章ではより具体的な種目を想定しています。
やり方・教え方のコツやポイントも詳しく紹介しています。
動画もぜひ活用してください。

28 基本の走り方

2歳〜
バランス力

速く走るための正しい姿勢を身につけます

動画は
こちら

正面　　　　　横

基本の姿勢

まずは走らずに基本の立ち姿勢を身につけましょう。

まっすぐ前を見る

足幅は少し開く

つま先とひざは正面を向ける

耳、肩、腰、ひざ、くるぶしが一直線になるように

NG

猫背にならないように気をつけましょう。

腕の振り方

手が肩の高さに来るくらい、できるだけ大きく振る

肩をすくめないように注意

1 腕を振る練習をしてみましょう。まずは、手を伸ばしたまま前後にリズムよく動かしてみます。

2 1の動作をしながら、だんだんひじを曲げていきます。ひじが90度になった、その状態を保ちながら前後に腕を振り続けましょう。

ひじは90度

手は軽くにぎる

どちらかの足を一歩前に出して軽く曲げる

慣れてきたらスピードを上げていく

29 スキップ

3歳〜

敏捷性　巧緻性

スムーズに足を入れ替えるのがポイント

動画は
こちら

手は自然な
位置に

体の軸を
まっすぐ
保つ

ひじは90度
に曲げる

軸足は
まっすぐ
伸ばす

着地したとき、
曲げたほうの
ひざは軸足よりも
前にある

1 まずは「右足を上げて2回ケンケン」、足を入れ替えて「左足を上げて2回ケンケン」という動作をその場で繰り返します。

2 1の動きを少しずつ速くしていきます。タイミングを合わせて腕を大きく振りましょう。

レベルUP⇧

慣れてきたら「右足を上げて2回ジャンプ」「左足を上げて2回ジャンプ」の動作を繰り返しながら、前に進みましょう。このとき腕を大きく振るとスピードが出ます。

スキップしながら、曲げたひざの下で2回拍手する動作を加えてみましょう。

61

30 制限走

4歳～
敏捷性 巧緻性

あえて動作を制限することで腕振りの大切さを学びます

動画は
こちら

後ろで
手をつなぐ

1 まずは手を体の
後ろでつなぎながら
走ってみましょう。

猫背に
ならないように
背筋を伸ばす

2 後ろ手で10mほど走ったら
手をほどき、腕を前後に
大きく振り出します。
そのまま10m
走ったらゴール。

腕は前後に
大きく振る

手を開放したときの
スムーズな腕の
動きを体で覚える

手をほどいたら、
すばやくひじを
90度に曲げる

31 ねことねずみ

5歳〜

敏捷性　巧緻性

相手をつかまえられたほうが勝ち！
大人数でやっても楽しめます

動画は
こちら

リーダー

僕はねこ

私はねずみ

1 「ねこチーム」と「ねずみチーム」に分かれ、向かい合って体育座りします。

待てー！

ね、ね、ね、…ねずみ！

逃げろ！

2 リーダーが「ね、ね、ね、ね、ねずみ！」と声をかけたら、後方に引いたラインに向かってねずみチームが逃げ、ねこチームが追いかけます。ラインにたどりつく前にねこチームがタッチできたらねこチームの勝利！リーダーが「ね、ね、ね、ね、ねこ！」と言った場合は、ねこチームが逃げてねずみチームが追いかけます。これをランダムに繰り返しましょう。

チームで行う場合

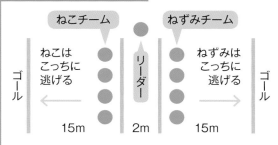

ねこチーム　　ねずみチーム

ねこは
こっちに
逃げる

リーダー

ねずみは
こっちに
逃げる

ゴール　　　　　　　　　　ゴール

15m　　2m　　15m

タッチされたらアウトとなり外野に出ます。
最後に残った人数の多いチームが勝ち。

レベルUP ⬆

ね、ね、ね、ね……
ねぶそく！

スタートの姿勢を変えてみましょう。また、リーダーが「ね」からはじまる別の言葉（ねぶそく、ねぎとろ、ねじ、ねんどなど）のフェイントを入れるとより盛り上がります。

32 ボール運動・投げる

2歳〜

巧緻性

動画は
こちら

球技全般に役立つ基本の動き

**ボールの
選び方**

はじめは、手でつかめる
やわらかなゴムボールがおすすめ。
落としたときに跳ね返って
くるものを選びましょう。
大きさは幼児は3号（19cm）、小学生か
らは4号（20.5cm）がおすすめです。

両手で下から投げる

まずは投げる動作に慣れましょう。
前に向かって投げられるようになるのが目標！

両手で上から投げる

1 下から投げられる
ようになったら、
次は上から両手で
投げてみます。

2 両腕が前に来たときに
ボールを手から離すのが
ポイント。最初は遠くまで
投げられなくてもよいので、
動きを確かめながら
ゆっくり行いましょう。

NG

両腕が前に来る
前にボールを離
してしまうと、
後ろや上に飛ん
でいってしまい
ます。

片手で上から投げる

1 片手でボールを持ったら、
肩より少し高い位置まで
持ち上げます。足は肩幅
よりも広く開き、ボールを
持っていない腕を投げる
方向に伸ばします。ひざを曲
げるなど、下半身を上手に使
うと手投げになりません。

2 重心を前の足に移動させながら、
腕をできるだけ大きく動かして
ボールを前に投げます。

肩よりも上に
ボールを
持ち上げる

投げる方向を
しっかり見る

ボールを持って
いないほうの腕
は前に伸ばす

体重は
後ろの足
に乗せる

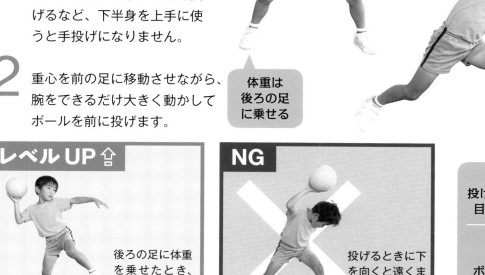

レベルUP ⇧

後ろの足に体重
を乗せたとき、
前に出た足を軽
く持ち上げます。

NG

投げるときに下
を向くと遠くま
で飛びません。

最後まで
投げる方向から
目を離さない

腕が前に
来てから
ボールを離す

33 ボール運動・ハンドリング

3歳～

巧緻性

手のひらや指先の使い方を覚えましょう

動画は
こちら

1 片ひざ立ちになり、
ボールを右手で持ちます。
ひざ下を通して左手に
ボールを移動させましょう。

2 ひざ上を通って右手に
ボールを移動させたら、
これで1周。
この動作を繰り返します。
逆回しも行ってみましょう。

3 座ったまま、お腹の周りで
ボールを受け渡します。
最初はゆっくり行い、
できるようになったらだんだん
スピードを上げてみましょう。
逆回しも同様に行います。

レベルUP⬆

いろんな
ところで
チャレンジ!

座ってできるようになったら、次は立って行います。
頭、胸、お腹、足の周りなど、
好きなところでやってみましょう。

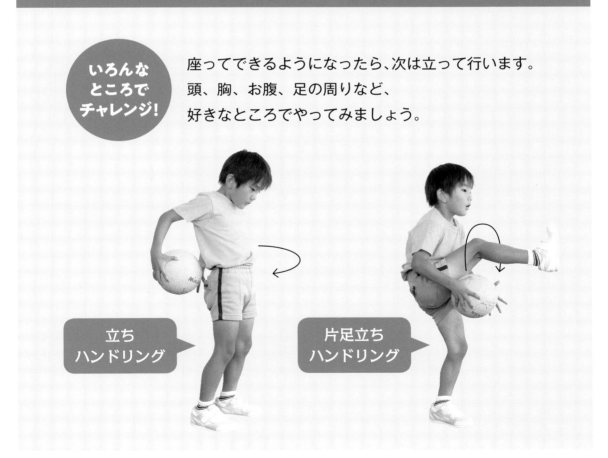

立ち
ハンドリング

片足立ち
ハンドリング

34 ボール運動・バウンドキャッチ

3歳〜

巧緻性

上達のコツは、ボールに集中すること！

動画は
こちら

1 床に座ったら両足を左右に開きます。
次に、足の間でボールを軽くバウンド
させてからキャッチする練習を繰り返します。
最初は何度バウンドしても、
キャッチできたら OK ！

ボールから
目を離さない

2 1ができるようになったら、
次は立って行いましょう。
足を肩幅に開いて立ったら、
ボールを床にワンバウンドさせて
キャッチします。

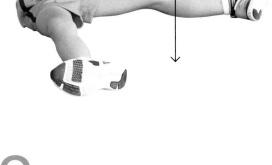

手の高さまでボールが
跳ね返ってきたら、
すばやくつかむ

35 ボール運動・真上キャッチ

3歳〜

巧緻性

スポーツに必要不可欠な空間認知能力が磨かれます

動画は
こちら

1 両足を肩幅に開いて立ち、
ボールを構えます。

キャッチするまで
ボールから
目を離さない

ボールは
両手で持つ

ボールを投げたらすぐに、
両手を前に伸ばして
受け取る準備をする

2 ボールをしっかり見ながら
真上に投げて、落ちてきたら
キャッチします。
投げる高さは低めからはじめ、
慣れたらだんだん高くしたり、
手をたたくなどしていきましょう。

ポイント

初心者は、
キャッチする
ときに両腕で
胸に抱え込み
ましょう。

NG

投げるときに手の幅を広げ
すぎると真上に飛びません

36 ボール運動・パス交換

3歳〜

巧緻性

動画は
こちら

キャッチボールにチャレンジ！

ワンバウンドで交換

相手が取りやすい
ところをめがけて投げる

パートナーと向かい合って立ったら、
まずは両手でボールをワンバウンドさせて相手に届けます。
相手からもワンバウンドで返してもらい、
パス交換を繰り返しましょう。

下から投げて交換

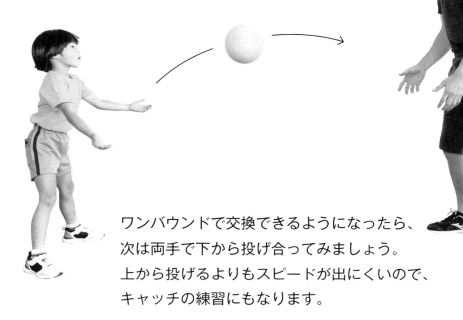

ワンバウンドで交換できるようになったら、
次は両手で下から投げ合ってみましょう。
上から投げるよりもスピードが出にくいので、
キャッチの練習にもなります。

上から投げて交換

これまでより少し離れた位置で
パートナーと向かい合ったら、
両手で上から投げ合います。
スムーズに交換できるようになったら、
片手で投げてみましょう。

37 ボール運動・蹴る

2歳～

巧緻性

動画は
こちら

サッカーの基本を練習してみましょう

1 まずは止まっているボールを蹴ってみましょう。

ボールの真横に軸足を置くと当たりやすい

来たボールを足で止める

転がってきたボールを足の裏を使って止める練習も行ってみましょう。ボールは踏まずに、横から当てるイメージです。

レベルUP⬆

パートナーの足の間をゴールに見立ててシュートしてみましょう。上達してきたら足幅を狭めて難易度を上げます。

2 足の内側（インサイド）で蹴って、慣れてきたらいろいろな場所で蹴ってみましょう。足の甲（インステップ）で蹴ると強く遠くに蹴ることができます。

目標とする方向に向かって、まっすぐ足を振りぬく

38 なわ跳び

4歳〜

敏捷性 巧緻性

リズム感も養える全身運動です

動画は
こちら

なわの選び方

なわのまん中を両足で
踏んで立ち、
持ち手部分が胸の高さに
来る長さを選びます。

なわは、
まだ回さない

跳び方は30ページの
「スーパーボール1」
を参考にする

手首を使って
なわを水平に回
す感覚をつかむ

ジャンプの練習

ウォーミングアップとして、
なわを利き手で持って
ジャンプする練習からスタート。

片手でなわを回す

次に、利き手で持ったなわを
回しながら跳んでみましょう。
スムーズにできるようになったら
逆の手でも行います。

両手で回してまたぐ

構えの姿勢

1 なわを回しながら跳ぶことに慣れたら、なわをまたぐ練習へと移ります。なわを両手で持ち、両腕を大きく回してなわを後ろから前へと移動させます。

なわを回しきってからまたぐ

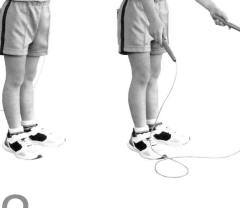

2 なわがつま先の前まで来て止まったら、そのなわをまたぎます。1と2の動作を繰り返しましょう。最初は片足ずつまたぐところからはじめ、できるようになったらジャンプで飛び越します。

「回す」と「またぐ」を別々の動作として行う

「回す」と「ジャンプ」を繰り返しながら跳ぶ

なわを回して跳ぶ動作を、リズムよく続けて行ってみましょう。最初は「1周なわを回して2回跳ぶ」ことからチャレンジ。

慣れてきたら「1周なわを回して1回跳ぶ」のに挑戦！

39 逆上がり

3歳～

巧緻性

小学校の体育の授業では必須科目！

動画は
こちら

鉄棒の高さ

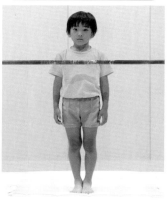

胸くらいの高さのものが
やりやすい

鉄棒の握り方

下から持つ（逆手）
腕の前側の筋肉を使える
ので、足の力が弱い幼児
や高い鉄棒で行うときに
おすすめ。親指は必ずか
ける。

上から持つ（順手）
地面を蹴り上げる力があ
る子はこちらのほうが成
功しやすい

両方試してみて、やりや
すいほうで練習する

1

鉄棒を両手で握ったら、
片足を鉄棒よりも
前に出して構えます。
ひじは軽く曲げ、胸を鉄棒に
くっつけましょう。

パートナー

腰に片手を
添える

NG

前に出す足が鉄棒よりも
後ろだと、体が鉄棒に届
きません。

1 ひとりでやってみましょう。両手で鉄棒を握り、片足を鉄棒よりも前に出して構えましょう。

ひじは曲げて、胸を鉄棒に近づける

前に出す足は鉄棒よりも前

2 反動をつけて後ろの足を前に高く振り上げます。両足とも上がったらおしりを持ち上げ、体で鉄棒を挟みこみます。

腕の力を抜かない

あごが上がらないように気をつける

ひざをおでこにくっつけるイメージを持つのも◎

3 鉄棒の上に体を巻きつけるようにして回転します。最後に頭が持ち上がったら、これで1周。

2 ひじを曲げたまま、地面を蹴り上げて体を持ち上げましょう。

足は真上に蹴り上げる

腕を伸ばさない

パートナー

蹴り上げると同時に手でおしりを持ち上げて、お腹を鉄棒まで近づける

3 おしりが上がったら、鉄棒を体で挟みましょう。そのまま体を鉄棒に巻きつけて回転し、着地します。

自分のお腹を見て、あごは軽く引く

パートナー

頭が上に来るまで手を添えて、体が鉄棒から離れないようにする

40 三点倒立

3歳〜

筋力 バランス力

腕の力とバランス感覚が鍛えられます

動画は
こちら

1 パートナーと向かい合わせに
なったら両手を床につき、
指を大きく開きます。

手の幅は、
ひじが少し
曲がるくらい

指は大きく開く

2 自分の手が見える
位置に頭のてっぺんを
つきます。

頭と両手で
三角形を作る

NG

手の幅が広いと、首だけに
力がかかってしまいます。

パートナー

ふらつかないように、腰を両脇から支える

3 首の力が抜けないように注意しながら、両足を曲げてかかとをおしりに近づけましょう。

首から背中までがまっすぐになるよう

ひざが開かないように気をつける

4 3の体勢でバランスを取れるようになったら、両足をそろえたまま、ひざをまっすぐに伸ばします。

パートナー

足が床から垂直の位置になるように指示してあげる

レベルUP⬆

ひとりでチャレンジしてみましょう。

背中を壁につけて二点倒立しましょう。

頭と両手の3点で均等にバランスを取る

頭

左手　右手

バディスポーツ幼児園（バディスポーツようじえん）

1981年創立、都内5ヵ所（世田谷・江東・豊洲・有明・八王子東）、神奈川3ヵ所（はるひ野・横浜・長津田）に加え、姉妹園（インターナショナル園として世田谷・はるひ野・豊洲・横浜）、サッカー幼児園の横浜FCも含め約2000名が通う。小学校入学前までに全員が逆上がりや跳び箱、三点倒立をできるようになるなど保育にスポーツを取り入れ心と体を鍛える教育が評判となり、クチコミで入園希望者が殺到、2年後までキャンセル待ちとなるスーパー幼児園。熱血指導が話題を呼びテレビ等多くの媒体でも取り上げられており、卒園者から多数のアスリートを輩出している。2021年1月1日に青山学院大学陸上競技部長距離ブロック監督の原晋氏が社外取締役に就任し話題となっている。
http://www.buddy-sports.co.jp/

協　　力　鈴木 威、岸 政智、録澤智敬（株式会社バディ企画研究所）
ブックデザイン　山原 望
スチール＆動画撮影　大坪尚人（講談社写真部）
動画編集　植田甲人（講談社写真部）
構　　成　岡橋香織
モ デ ル　嶋根 恵、宮下一琉（バディスポーツ幼児園）
撮影協力　セガサミースポーツアリーナ、バディスポーツ幼児園有明校

スーパー幼児園 バディ式
運動能力をぐんぐん伸ばす親子体操

2021年　2月16日　　第1刷発行

著　者　バディスポーツ幼児園
発行者　鈴木章一
発行所　株式会社 講談社
　　　　〒112-8001 東京都文京区音羽2-12-21
電　話　販売　（03）5395-3606
　　　　業務　（03）5395-3615
編　集　株式会社講談社エディトリアル
代　表　堺 公江
　　　　〒112-0013 東京都文京区音羽1-17-18
　　　　　　　　講談社SIAビル6F
電　話　編集部　（03）5319-2171

印刷所　株式会社新藤慶昌堂
製本所　大口製本印刷株式会社